이별 그 후의 날들

김왕노 시집

서정시학 이미지 시집 013

서정시학

　갖가지 색깔로 함께 어우러져 더더욱 아름다운 꽃 시절 만드는데
　우리에게 만났다 하면 편 가르기 하는 색깔론이 있지.
　아직도 버리지 못하는 꽃 앞서 낯붉히게 하는 더러운 색깔론이 있지.

―「꽃에게 부끄럽다」

이별 그 후의 날들

김왕노 시집

서정시학 이미지 시집 013
이별 그 후의 날들
──────────────────

2017년 8월 20일 초판 1쇄 발행

지 은 이 • 김왕노
영   역 • 윤형돈
펴 낸 이 • 최단아
펴 낸 곳 • 서정시학
편집교정 • 최진자
인 쇄 소 • 민언프린텍
주소 • 서울시 서초구 서초중앙로 18, 504호(서초쌍용플래티넘)
전화 • 02-928-7016
팩스 • 02-922-7017
이 메 일 • poemqpoetics@naver.com
출판등록 • 209-91-66271

ISBN 979-11-86667-93-4   03810

계좌번호: 070101-04-072847(국민은행, 예금주: 최단아)

값 14,000원

* 잘못된 책은 바꾸어 드립니다.

　이 도서의 국립중앙도서관 출판예정도서목록(CIP)은 서지정보유통지원시스템 홈페이지(http://seoji.nl.go.kr)와 국가자료공동목록시스템(http://www.nl.go.kr/kolisnet)에서 이용하실 수 있습니다.(CIP 제어번호: CIP2017018593)

뒤돌아서서 울지 마라! 네 울음 비수처럼
내 늑골 틈으로 파고든다.
네보다 더 죄 많은 나도
네 앞에 이렇게 떳떳하게 서지 않았느냐.

─「참회」

김왕노

경북 포항 출생
매일신문 「꿈의 체인점」으로 신춘문예 당선
시집-『황금을 만드는 임금과 새를 만드는 시인』(신춘문예 6인 시집), 『슬픔도 진화한다』, 『말달리자 아버지』(문광부 지정도서), 『사랑, 그 백년에 대하여』, 『중독-박인환문학상 수상집』, 『사진속의 바다-해양문학상 수상집』, 『그리운 파란만장』(2015년 세종도서 선정), 『아직도 그리움을 하십니까』(2016년 세종도서 선정), 『게릴라』(2016년 디카시집), 『이별 그 후의 날들』(2017년 디카시집) 등
2003년 제8회 한국해양문학대상, 2006년 제7회 박인환문학상, 2008년 제3회 지리산문학상, 2016년 제2회 디카시 작품상 수원문학대상 등 수상
2013년 한국문화예술위원회 아르코 문학창작금 등 5회 수혜
시인축구단 글발 단장, 시인협회 이사, 현재 문학잡지 시와 경계 주간

Wangno Kim, the poet

Born in Pohang, Gyeongbuk
Winning in 'Dream's chain' in the literary contest in spring in Maeil Daily News
Anthology: "King making the gold and Bird making the poet" "Sadness also evolves". "Let's run on horseback"(Designated books in the Ministry of Culture, Sports, Tourism) "Love, about the 100 years", "Addiction", "Park Inn Whan literature prize winning collections". "Sea in the photo"-Maritime Literature prize winning collections, "A good story full of incidents" selected from Sejong books, 2015. "do you still do a yearning?"(selected from Sejong books, 2016. "Guerilla"(2016), "The days after separation"(2017)-DiCa Anthology, etc.
Awarded from the 8th Korea Maritime Literature Grand Prize(2003), the 7th Park Inn Whan literature prize(2006), the 3rd Jirisan literature prize(2008), the 2nd DiCa poetry 'best poem works' prize and Suwon literature Grand prize
Benefited from Arco Writing Support Fund 5 times in Korea Culture Arts Council
The poet Soccer Team's 'the letters' leader. Chief editor in Literary Magazines 'Poetry and Border'.

이별 그 후의 날들

시인의 말

참 열심히 시를 썼다.
시에 쏟는 열정으로
살았더라면 거부가 됐다.
시를 쓸수록 닥쳐오는
가난이지만 난 가난을 즐긴다.
시를 즐겨야 하므로
시 부자가 세상에
가장 큰 부자라는 것을
마음에 새긴 지 오래다.

2017.7.20
김왕노

A Poet's Words

I wrote poems assiduously
If I lived with passion devoted to the poem,
I already would be a millionaire
The more I write a poem, the more I am poor
But I enjoy such a needy situations.
As I take a pleasure in writing a poem,
a rich person of poetry is the wealthiest of all
I laid it to my heart long while ago.

차례

시인의 말/4

참회 Confession	12
강남의 아침 The morning of Gangnam	14
창밖에 비 The rain out of the window	16
롤 모델 Role-model	18
상처의 힘 The power of an injury	20
유엔 참전 기념관 UN Memorial Hall of participation in a war	22
이별 그 후의 날들 The days after separation	24
도시여정 The city's journey	26
난해한 질문 An Abstract question	28
서울의 밤 A night of Seoul	30
갈망 An earnest desire	32
소실 그 후 Disappearance, after that	34
꽃에게 부끄럽다 I am ashamed for the flower	36

위대하다 It's great	38
아! 옛날이여 Ah! old days	40
세월 The years	42
겨울 사랑 Winter love	44
하늘 The Sky	46
도시의 소 A cow of the city	48
도시의 눈 The eye of the city	50
숨 쉬는 도시 A breathing city	52
킬링필드 The killing Field	54
봉쇄도시 Blockade city	56
강남 The Gangnam	58
타임페이스 The Time face	60
실루엣 The silhouette	62

묵념 A silent tribute	64
붉은 사랑 A red love	66
저 높은 곳을 향하여 On Upward Way	68
너무 늦은 꿈 Long overdue dream	70
자라는 울음 A growing cry	72
가고파라, 가고파 Gagopa, Wanna Go Home	74
처형 도시 The city of execution	76
내 마음은 수수 My mind is millet	78
어머니 전상서 1 A letter to the mother	80
저녁 무렵 Along toward evening	82
한 여름 The whole summer	84
사실 The truth	86
화이트 홀로 Into The White Hole	88

2016년 여름의 등 The back of the summe	90
비온 뒤 벼칠 뒤 A few days later after the rain	92
자화상 혹 화상 The Portrait or Image	94
붉은 신호등 The red traffic light	96
한양대학병원 The Hanyang University Hospital	98
일침 An admonition	100
주체적 자아 Subjective Self	102
대칭의 힘 The power of symmetry	104
어머니 전상서 2 The letter to mother 2	106
동행 An escort	108
과욕 Unselfishness	110
해설 디카시 문학의 진화 / 강미란	112

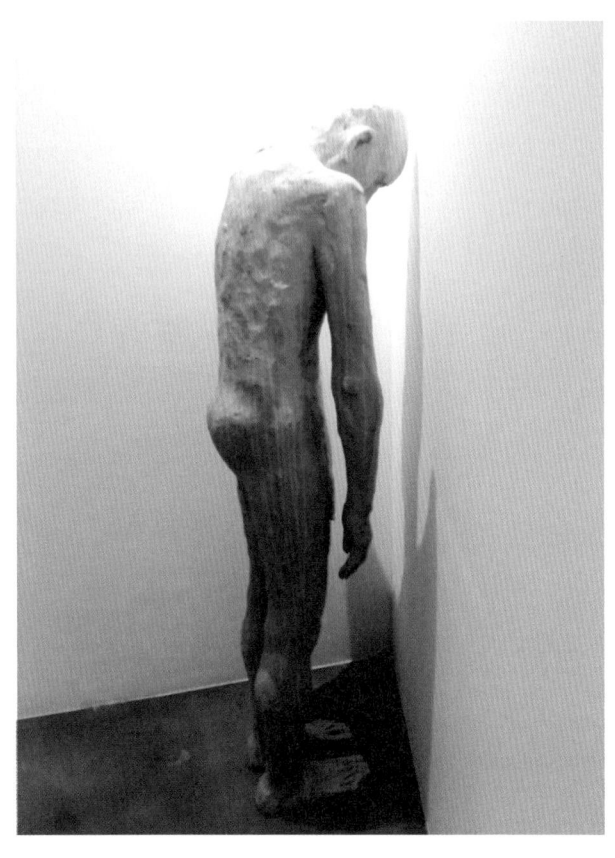

참회

뒤돌아서서 울지 마라! 네 울음 비수처럼
내 늑골 틈으로 파고든다.
네보다 더 죄 많은 나도
네 앞에 이렇게 떳떳하게 서지 않았느냐.

Confession

Turn around and don't cry
Your crying worms into my rib like a dagger
Didn't I stand like this before you fairly
even I have more sin than you do.

14 이별 그 후의 날들

강남의 아침

살다보면 서로 마주 보며 해결해야 할
심각한 문제에 부딪히기도 한다.

The morning of Gangnam

we happens to run into a serious problem
to work out turning to each other in a lifetime

창밖에 비

방울방울 네가 오는구나, 맺히는구나.
닿았다 하면 톡 터질 표면장력의 사랑도
사랑 중 사랑이라 가만히 불러보는구나.
사랑아, 못 잊을 사랑아

The rain out of the window

You are coming in drops and have formed
when touched, love of love to burst with a pat
even a love of surface tension
I call quietly love, unforgettable love

18 이별 그 후의 날들

롤 모델

세월의 모서리 절뚝이며 가다가
어쩌다 만나는 사람 있으면 가식도 없이
나도 하고 싶은 저런 눈부신 사랑

Role-model

The edge of years, going with a limp
 happening to be met with someone without affectation
 I desire to experience such a brilliant love

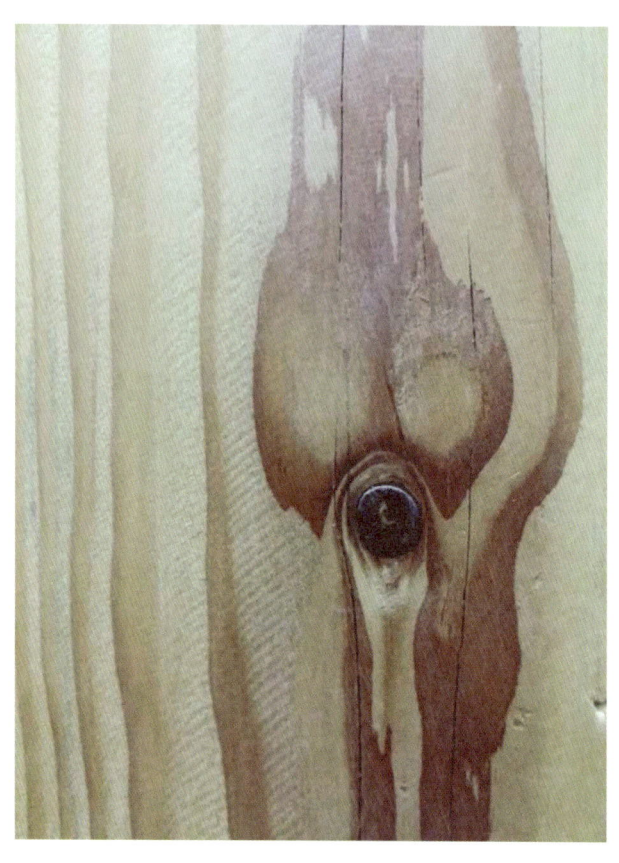

20 이별 그 후의 날들

상처의 힘

옹이가 무늬를 만든다.

The power of an injury

A knot makes a pattern

유엔 참전 기념관

어찌 잊으랴. 아직도 난장판인
내 꿈속으로 와
사나운 적을 무찌르는 사람들

UN Memorial Hall of participation in a war

How can I forget the people,
who defeat a ferocious enemy
in my confusion's dream even now.

이별 그 후의 날들

정체로 많이 늦어지더라도 예술의 전당에 가면
내 사랑 공연되고 있을까.
가버린 사랑이 궤나를 불며 천년 사랑을 노래할까.

The days after separation

when I go to Seoul arts Center too late with a traffic congestion
Will "My Love" being performed ?
Will "faded and gone love"sing a millennium's love with a bone flute?

도시 여정

오늘 종일 나와 같이한 해가
결별을 고하는 순간의 쓸쓸함이여.

The city's journey

A desolate break-up's moment
of whole day's sun like me

난해한 질문

살으리 살으리랏다 청산에 살으리라 했는데 청산이 어 딥니까?

An Abstract question

I will live, I will live there
though I said that I will reside in the blue mountains,
by the way, where is the blue mountains located?

서울의 밤

밤이 아무리 깊어가도 모정은 잠들지 않더라.

A night of Seoul

A maternal love won't sleep at the latest night

갈망

어딘가, 먹장구름 찾아드는 저녁 불빛 살아나는 곳
늦게라도 가서 식은 국에 밥이라도 말아먹고 싶은 곳

An earnest desire

Somewhere, the place where evening light revives and black clouds gather
Going there even it's too late, I want to put rice into cold soup and eat.

소실 그 후

나는 믿는다. 소실점보다 더 먼 곳에
고삐 매인 내 사랑 염소 한 마리로
매 에 에 에 종일 울고 있다는 것을
고삐 풀 내 손길 기다려 울고 있음을

Disappearance, after that

I believe. little farther on the vanishing point
with a goat fastened my love to the reins
what is bleating all day "me ⁻eh ⁻eh ⁻eh!"
what is crying waiting my hand to slacken the reins.

꽃에게 부끄럽다

갖가지 색깔로 함께 어우러져 더더욱 아름다운 꽃 시절 만드는데
우리에게 만났다 하면 편 가르기 하는 색깔론이 있지.
아직도 버리지 못하는 꽃 앞서 낯붉히게 하는 더러운 색깔론이 있지.

I am ashamed for the flower

There is a color politics separating into groups whenever we meet
though we make a beautiful flower season joined together with a diverse colors,
there is a dirty color politics blushing before flowers not throwing away yet.

위대하다

가로등 하나가 켜져 세상 모든 저녁을 서서히 끌어온다.

It's great

    Switching on a streetlight draws all the evenings of the world gradually

아! 옛날이여

한때 내 마음도 네게 가는 길고 긴 다리였다.

Ah! old days

At one time, my heart was also the long, long bridge to you

세월

어린 너를 울려놓고 떠나가신 네님이 분명 나였으나
나 돌아온 줄도 모른 채 돌아앉은 삼천포 아가씨여.

The years

It was I that went you away with making young lady cry as your lover
Without knowing to return, Samchonpo girls sitting the other way round

겨울 사랑

우리 그 때 너무 추웠다.
커피 잔에 가득 찼던 사랑 단숨에 비우고
그렇게 떠나왔으므로 후회는 없다.

Winter love

We were too cold at that time
Drained at a breath a coffee cup filled with love
there is no regrets going away like that

하늘

아! 유출된 내 사랑을 필사한 편지 한 장

The Sky

Ah! a paper of letter copied my love leaked

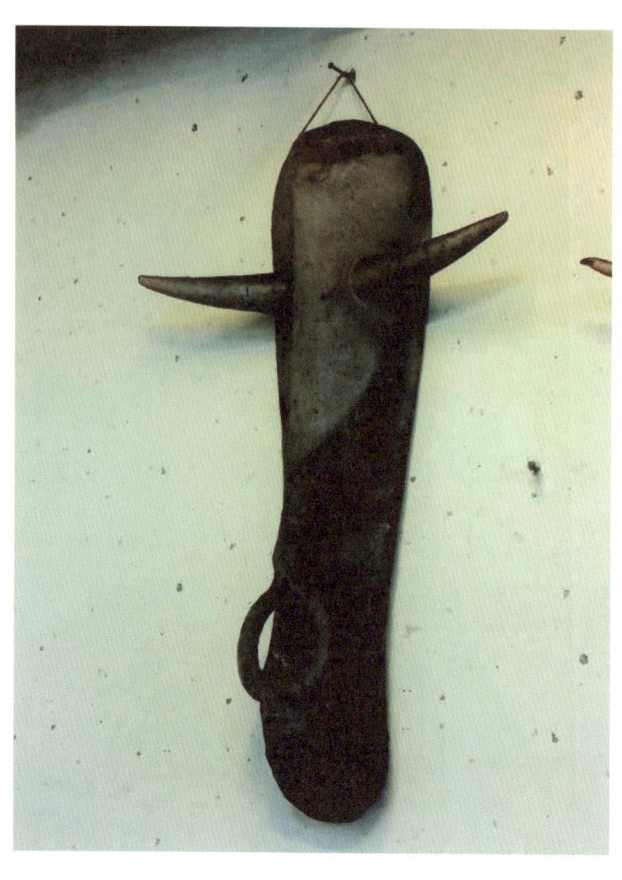

도시의 소

눈도 코도 귀도 맷돌이빨도 없다.
뿔과 코와 코뚜레만 남았다.
상징을 위해 잔혹하게
머리만 잘라 대롱대롱 매달았다.
어디서나 상징은 슬플 수밖에 없다.

A cow of the city

There is no eye, nose, ear and millstone's teeth, too
A bull and nose and a nose ring only is left
mercilessly for the symbolization
cutting only head was dangled dingle-dangle
Symbol has no choice but sadness anywhere.

도시의 눈

직시의 눈은 있다. 직관의 눈은 있다.
옷매무시를 한 번 고치면서 난 걷는다.

The eye of the city

There is the eye of face There is an eye of intuition
I walk by adjusting my dress a time.

숨 쉬는 도시

어떤 환기구도 공기청정기도 필요 없다.
온몸에 숨구멍을 내고 숨 쉬는 건물
지구의 허파인 아마존의 우림 한 그루다.

A breathing city

There is no blowhole and air cleaner, too
a breathing building by making a windpipe all over the body
the lungs of the earth, every single one of trees in Amazon rain forest

킬링필드

옥잠화와 태생이 다르다고 해서
무자비하게 뽑혀 버려진 달개비 꽃
아파트 화단에 죽음 냄새 번진다.

The killing Field

Pickerelweed of different birth from August-lily
It was pulled up mercilessly and threw away
A smell of death was spread in the flower bed of apartment

봉쇄도시

파란 신호라고 좋아할 필요가 없다. 조금만 더 가면 신호등 천지
내 꿈은 끝없이 지연된다. 내 사랑에게도 한참 늦을 수밖에 없다.

Blockade city

You don't have to like a green light. Traffic light is everywhere
with a little way. My dream is delayed endlessly. It is forced to
be late even to my lover for a time.

강남

들리는가. 아직도 지르는 아톰의 목소리
저 높은 곳을 향하여라는 끝없는 절규가

The Gangnam

Do you hear him? atom's voice still giving a cry
An endless scream on the Upward Way

타임페이스

시간의 얼굴 속에는 빛도 있다. 화이트도 있다. 블랙도 있다.

옐로도 있다. 레드도 있다. 그린도 있다. 계절이 없다. 새가 없다.

바람이 없다. 강물이 흐르지 않는다. 은하수도 너도 없다.

The Time face

In the time of face, there is light and white and black.

There is yellow and red and green, too.

There is no season no bird no wind.

The river doesn't flow. There is no milky way and you.

실루엣

모든 것이 저랬으면 좋겠다. 보이지 않는 것과
보이는 것, 실체와 그림자로 이룬 몽환의 세계
보이지 않으나 내 안에서 타오르는 사랑처럼

The silhouette

Everything will be good if it is an equivalent to that
to be seen, the world of fantasy composed of reality
and shadow
Invisible but like a burning love inside me

묵념

 가버린 청춘에 대해, 오지 않는 세월에 대해, 등 돌리고 사라진
 사랑에 대해, 밤하늘을 수놓다가 사라진 유성우에 대해
자! 묵념

A silent tribute

 Now, silent tribute for the gone youth, a rare years,
 love disappeared on turn around, meteor shower vanished
 with the night sky embroidered.

붉은 사랑

한때 내 사랑 저 잎맥처럼 붉었다.
심장의 피 한 방울까지 짜내 바치려 했다.
지금은 창백하고 가난한 얼굴로 뒤돌아섰지만
내 사랑 그렇게 붉은 날 분명 있었다.

A red love

For a while, my love was red like that leaf veins
I tried to dedicate a squeezing up to a drop of blood of the heart
even if the present is a pale and poor face turning away,
to be sure, my love used to be red like that as well.

저 높은 곳을 향하여

나도 저 높은 곳을 향하여
깎아지른 정신이고 싶지 않으랴.
지금 나는 죄로 붉게 물들어
곧 떨어지려는 낙엽 한 장

On Upward Way

I wanna be a perpendicular spirit
on Upward Way, as well
Now that I am reddening with a sin,
a leaf doomed to fall down before long.

너무 늦은 꿈

먹이로 알고 덥석 물어버린 것이 죽음
하지만 지금은 누군가를 향한 분노가 아니라
초롱 같이 눈을 켜고 꼬리에 꼬리를 쳐 바다로 가
다시 덥석 물고 싶은 싱싱한 물의 살

Long overdue dream

The misconception as food is a snap at death
but it is not a fury towards someone
but a fresh currents desired to bite quickly again
going to the sea wagging tails with a lanterned-eye

자라는 울음

곡선의 극치를 보이는 고령대가야의 고분이란다.
순장된 8세 여아의 울음이 천년의 소나무로 자라
푸른 솔바람 소리 날마다 내는 꿈의 순장 터란다.

A growing cry

A culmination of the curve is shown at a tumulus at Dagaya in Goryeong.
8 year-old girl's crying buried alive with the dead grew into thousand years' pine tree and became a site of burial alive with the dead in a dream being echoed everyday by the sound of green pine tree in the wind

가고파라, 가고파

아직 영일만 처녀는 임 그리며 잘 있을라나.
갈매기 끝없이 날고 만선의 새벽 바다가 밝아오려나.
가고파라, 가고파 해당화 곱고 백사장 넓던 곳
내 떠나와버린 지 몇 십 년이 되어버린 고향

Gagopa, Wanna Go Home

I still wonder Yeongilman virgin's regard missing the lover
 seagulls fly endlessly and dawn sea of a big catch is growing light.
 Wanna go, gagopa to the site of sweet brier with a broad white beach
 I left my hometown decades ago.

처형 도시

몇 천 톤 철근을 한꺼번에 들어 올리려는 것이 아니다.
땅에 떨어진 별을 들어올리려는 것도 아니다.
바닥에 달라붙어 떨어지지 않는 껌 딱지 같은 세상
한번쯤 들어올려 뿌리째 허공에 매달려는 것이다.

The city of execution

Several thousand tons' reinforcing rod doesn't raise simultaneously
fallen stars on the ground doesn't lift up, too
chewing gum got stick to the bottom won't part from the world
It is trying to attack a rootstock to the air by raising it once

내 마음은 수수

날마다 내 마음 수수로 일어나 서걱대는 것을 아나
그립다 그립다면서 날 선 잎을 서로 비벼대다가
철철 피 흘려 수수 붉어지는 날이 온다는 것을 아나

My mind is millet

Do you know the crunch of my mind's millet?
rubbing against an edged leaf saying that "I miss you"
do you know the day of reddening millet spilling blood overflowingly?

어머니 전상서 1

어머니 아픈 눈으로 오늘도 날 쳐다보고 계시네요.
오늘은 어머니 내 지은 죄 어느 날보다 작습니다.

A letter to the mother

Mother is always looking at me with a sore eyes
Oh, mother! today, leading a life of sin is less than any other day.

저녁 무렵

너도 흘러오라. 고압선을 따라
저런 붉은 노을 속으로 내가 네게 감전되어
한 번쯤 죽어도 후회는 없다.

Along toward evening

Flow into me along the high-tension wire
getting a electric shock to you into the "Red Glow"
there is no repentance at the risk of my life.

한여름

암흑의 땅에서는 갑옷이 되어주었다가
이제는 파란 창공으로
매미를 날려 보낸 후 얻은 찬란한 휴식

The whole summer

At the ground of darkness was buckled on armor
now, after flying away cicada into the blue sky
A splendid pause got to be obtained.

사실

내가 찍었다. 이 꽃 내게만 찍혔다. 이 꽃
미지에 피었다가 진 꽃, 사랑이라 우겨본다.

The truth

I picked out this one. This flower is the choice of my heart

a flower blossomed and fallen insidiously, I maintain it as a love

화이트 홀로

과속 질주로 한 번 쯤 생을 박차고 정신없이 달린다.
크고 작은 차를 타고서
길을 나섰다는 것만으로도 이미 화이트홀에 절반 쯤 이른 것

Into The White Hole

Giving a vigorous kick a life and run hectically overspeed and rush
riding on large or small car
Going on the road was already covered half the distance of the White Hole

2016년 여름의 등

등을 함부로 보이지 말라는 옛말이 있다.
허나 등을 함부로 보이는 사람은 영혼이 맑다.
함부로 보이는 등으로 세상을 끌고 새벽으로 간다.

The back of the summer

There was an old saying that "Don't show the back to someone recklessly"

but the man who show the back readily is clear in spirit

with the back of showing carelessly goes into the dawn carrying the world.

비온 뒤 벼칠 뒤

잠시지만 세차기 안에 감금되었다. 차를 더럽힌 죄로
나는 가끔 나에게 죄 있음을 선고하고 스스로 감금한
다.

A few days later after the rain

I was imprisoned in a car-washing machine for a little
on a charge of making dirty a car
I sentence myself guilty and I am in captivity on and off.

자화상 혹 화상

웃고만 살았던 날이었던가. 울고만 살았던 세월이었던가.
눈가에 진 잔주름, 난 안다.
울어야 할 때도 웃으며 살았던 철없던 날의 만용을

The Portrait or Image

Didn't I get on only in laughter, didn't I get on only in tears?

crow's-feet, I know

I lived with reckless valor, I did in laughter even when I was in tears

붉은 신호등

아버지 나는 망했습니다. 신호등 눈치나 보며 사는
못난 놈이 되었습니다. 도시의 삶은 누구나 이렇다 하지만
이렇게 되라 아버지 대학물 내게 먹인 것 아닌 줄 압니다.

The red traffic light

Father, I was ruined. I became a simpleton looking to traffic signals

The city's life is much the same to everyone,

but my father didn't send me to college to be done in this way

한양대학병원

모든 환자의 병을 말끔히 고쳐 새파란 하늘의 뭉게구름처럼
자유롭게 하려는 의사의 꿈이 어린 환자 울음 끝에 밤새 맺혀 있었다.

The Hanyang University Hospital

Doctor's dream is dewed on the child patient's cry all night
It is to cure clearly and rid of patients' diseases like a cumulus of blue sky.

일침

높은 것을 더 높은 것이 낮아지게 하는 것은 하나님 외는 폭력이다.

An admonition

What is higher makes lower what is high is violence except God.

주체적 자아

지진이 아니다. 내가 흔들리니 일어나는 대혼란이다.

Subjective Self

It isn't an earthquake. It is a great chaos caused by my shaking

104 이별 그 후의 날들

대칭의 힘

청새치 한 마리가 되어 가려는 곳이 대서양이냐
인도양이냐 남극이냐 북극이냐
온몸으로 꼬리에 꼬리 칠 것 같은 비린 풍경 하나여

The power of symmetry

If you become a striped marlin, do you try go to the Atlantic ocean or
Indian Ocean or Antarctica or Arctic?
a landscape of a fishy smell to be likely to wag its tails all over the body

어머니 전상서 2

어머니 아직 내 꿈은 건설 중
완공 일은 멀기만 합니다.

The letter to mother 2

Mother, my dream is currently under construction
Schedule for completion is a long long distance.

동행

육교 아래 늘 서성이는 어둠이지만
어둠도 둘이서 나누면 빛보다 밝다.

An escort

Though we are always hovering darkness under an overhead bridge,
Darkness is also brighter than the light if the two are shared.

과욕

지꾸 부풀어 오르지만 뿌리를 뿌리치고
풍선이 될 수 없는 진퇴양난의 푸른 꿈

Unselfishness

Though it bulged out repeatedly shaking off its' root
A blue dream of dilemma couldn't be a balloon

해설

디카시 문학의 진화

강미란(문학평론가)

 디카시는 시의 한 장르이자 문학의 한 형태로 놀랍도록 빠르게 자리매김했다. 디지털 시대와 아날로그 시대의 결합 같으나 융합반응으로 전혀 새로운 물질이 창조되듯 영상과 시의 만남으로 진화된 새로운 문학의 물꼬를 튼 것이다. 김왕노 시인이 작년에 낸 첫 디카시집의 제목이 게릴라였듯이 문학의 게릴라를 자청하는 김왕노 시인의 활동은 대단하다. 이러한 와중에 김왕노 시인은 한마디로 열정, 바닥나지 않는 에너지로 시에 전념하는 시인이다. 시의 카리스마다. 모든 일상은 시에 초점이 맞추어져 있고 모든 사물에서 시의 이미지를 찾는다. 그는 섬세한 감성과 직시, 직관의 눈으로 메마른 세상에서 시원한 물 같은 시를 길어 올린다. 도시를 거닐면서 바닷가에서 구름을 보며 밤비행기를 보며 모든 사물이 의미가 있음을 존중하며 모든 사물을 배려하며 존재에 대한 강한 긍정으로 詩林(시림)을 이루어 간다. 그의 시를 혹자는 수컷 본능의 시, 사랑의 사자로 쓴 시라고도 하지만 그의 디카시를 보면 그가 가진 존재에 대한 인식, 그의 우주관도 엿볼 수 있다. 그는 모든 것은 유의미하므로 함부로 대하거나 함부로 말하지 말며 모든 것을 포용하려는 물신주의 사상마저 가지고 있음을 알 수 있다. 우리나라 디카시 시리즈 1호를 내고 디카시 작품상과 여러 문학의 수상과 벌써 10권의 시집을 낸 것이 객관적 평가라고 할 수 없으나 이미 그는 디카시의 선구자로 디카시의 단단한 시인으로 입지를 굳혀가고 있다.

참회

뒤돌아서 울지 마라! 네 울음이 비수처럼
내 늑골 틈으로 파고든다.
네보다 더 죄 많은 나도
네 앞에 이렇게 떳떳하게 서지 않았느냐

  그는 한마디로 참회의 시인이다. 다부진 몸으로 시뿐만 아니라 축구 테니스 마라톤 등 여러 가지 운동에 뛰어난 그가 걸어온 전력이 죄의 길이었는지 몰라도 살아가면서 하늘을 우러러 한 점 부끄러움이 없으려는지 죄의식과 참회로 그의 삶이 짜여져 가는 것 같다. 그래서 '참회'를 읽으면 울음이 전이되어 온다. 누군가 작은 죄로 괴로워할 때 너무나 큰 죄를 짓고도 떳떳하게 살아가는 현대인이고 나이므로 참회의 울음이 명치끝으로 치받는다. 이 디카시는 슬픔의 극점, 참회의 극점을 절묘하게 나타내었다. 뒤돌아서서 울고 있는 사람이 나에게 빙의되는 것 같다. 시 한편이 이렇게 큰 충격적으로 지금껏 다가오는 경우가 없는데 이것은 충격의 현장이자 충격을 가하는 테러와 같은 시다. 짧은 시가 폐부로 파고들며 알 수 없는 리듬과 전율을 가지게 하는 디카시의 묘미를 이 한편의 시로 즐겁게 감상할 수 있다.

강남의 아침

살다보면 서로 마주 보며 해결해야 할
심각한 문제에 부딪히기도 한다.

 시인은 강남의 아침이란 시에서 발달된 물질문명 속에서 인간의 행복은 발달하지 않았다는 것을 역설적으로 상징적으로 보여주고 있다. 우리나라 문화의 1번지, 우리나라 젊은이의 속내를 충분히 살펴볼 수 있는 강남에서 시인은 홀로 있는 인형과 마주앉았다. 인형이 이해할 수 없다는 듯, 어떤 이해관계에 얽혀 있다는 듯 짓는 표정으로 발랄한 시대의 치부를 은근히 고발하고 있다. 단 몇 줄의 시와 한 장의 사진으로 현대물질 문명의 그늘을 증폭해낸다. 이러한 점이 디카시의 매력이자 김왕노 시인의 매력이기도 하다. 사진을 마주 보는 사람으로 하여금 자신이 심각한 문제에 봉착해 있음을 깨닫게도 하는 센스도 우스꽝스럽지만 이 순간을 포착해낸 시인의 감수성은 타의 추종을 불허한다.

롤 모델

세월의 모서리 절뚝이며 가다가
어쩌다 만나는 사람 있으면 가식도 없이

나도 하고 싶은 저 빛나는 사랑

  그의 시 롤 모델을 보면 그가 추구하고자 하는 것이 무엇인지 알 수 있다. 그는 애정결핍의 시인이자 끝없이 사랑을 찾아 떠도는 보헤미안 같으나 실은 사랑이란 모든 사람의 이상향이자 모든 사람의 시작과 끝임을 내비추고 있다. 여기서 그는 사람의 일은 사랑하는 일이고 사랑이 하는 일이 곧 사람을 만드는 것이라는 말이 참 명제임을 주창하고 있다. 여기서 사랑이란 육체적 사랑이라 할 수도 있으나 맑은 영혼의 결합을 말하고 있다. 가식이란 거짓이고 위장이고 허세일 수 있으므로 진정한 사랑이 무엇인지 롤 모델을 통해 말하고자 한다. 남녀가 뒤엉킨 천박함이 아니라 서로에게 모든 것을 맡겨버린 순수한 사랑의 지고지순함이 이 시에서 빛나고 있다. 우리도 사랑이라면 이 정도의 사랑이어야 마땅하다 말하고 있다. 사랑의 법칙 사랑의 방법 사랑의 윤리를 잃어버린 이 시대에 새로운 사랑의 패러다임을 보여주고 있다.

  여러 지면을 통해 후아이엠이란 인터넷신문에 주마다 시인이 발표하는 디카시가 발랄하며 촌철살인 같은 일필휘지의 시여서 놀라기도 하지만 그러한 디카시가 일순간에 써진 것이 아니라 현실에 지극히 뿌리 담그고 살므로 가능하다는 것을 알게 되었다. 하여튼 김왕노 시인의 처

형도시란 이 시집에서 적나라하게 파헤쳐진 도시의 참혹을 읽게 되고 사랑에 목말라 몸부림치는 짐승 한 마리를 보게 되고 도시의 단면도 접하게 되지만 이 디카시집 한 권이 문화의 새로운 물꼬를 터줄 뿐만 아니라 정체되지 않고 진화되어가는 시와 문학의 현주소를 말해 주고 있다. 영상과 짧은 시가 어우러져 시의 의미를 영상의 의미를 증폭시켜 감동의 바다로 이끄는 작은 시의 제전에 초대받는 것 같아 시를 읽는 내내 즐겁고 기뻤다. 일본에는 하이쿠라는 시가 있으나 하이쿠보다 더 짧은 시인이 쓴 시 꽃, 하이쿠보다 더 진화된 꽃을 읽으며 마무리 하겠다.

꽃

앗! 뜨거워 너라는 존재

Evolution of Di-Ca Poetry Literature

Kang mee ran(literary critic)

DiCa poetry was established with speed surprisingly as a genre of poetry and a form of literature. It seems to be an combination of Digital Age and Analogue Days as a fusion reaction. As a quite new material is created. it is also to break an irrigation gate of new literature evolved by the meeting both an image and poems. The poet Kim Wang-No published the first 'Di-Ca' collection of poems named 'Guerilla' last years. He claims to be 'Guerilla' of literature. His activities is very energetic. He devoted himself to the poetry with an enthusiasm and inexhaustible energy. Poetry's charisma! All daily lives are focused on poems and find poetic image in all phenomenon. He draws poems from a delicate sensitivity and a face and intuition's eye as a cool water in a dry world He wins through the poetry's woods walking on the city, looking at the clouds in the beach, looking up the night plane respecting the meaning and the consideration of all things with a positive optimism on an existence.

His poems is said to be a male instinct or messenger of love, but through his DiCa poetry, we can peep into an understanding of existence and his outlook on the universe. He has Fetishism, "now that all is meaningful, don't treat recklessly or speak thoughtlessly and embrace all thing" He is the author of DiCa series No.1 in Korea. He is awarded prize of the best DiCa poetry works and many literary awards Ten anthologies can't be an objective evaluation, but he made a construction of location as a reliable poet and a pioneer of DiCa poetry.

Redemption

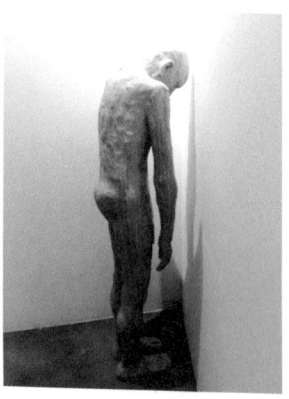

Don't cry with turning around
your crying worms into my rib like a dagger

Didn't I stand before you like this fairly
even if I have more sin than you.

He is a poet of redemption in a word. He excels not only poems but many sports such as football, tennis and marathon as toughie. His career seems to be composed of consciousness of sin and redemption hoping to live with a conscience clear. In his poem, 'redemption', we feel the transition of his crying. Confession's cry strikes at the pit of our stomach irrespective of great or small sins committed by modern people. This DiCa-poems represented a climax of sadness and repentance exquisitely. A weeping man turning round is likely to be seized by the mysterious spirit. There was no poem which shock the world. This is the spot of shock and terror. A brief poem came from the heart and gave us rhythm and shudder that can't be explained. we can pleasantly appreciate the delicacy of DiCa-poetry with it.

The morning of Gangnam

we happens to run into a serious problem
to work out turning to each other in a lifetime

The poet is shown in the poem, 'The morning of Gangnam' human's happiness didn't develop in the developed material civilization paradoxically and symbolically. The poet sat face to face with a doll alone in the Gangnam, cultural core checking the real state of youth in Korea He is accusing a disgrace of a dashing ages politely with a expression of involving in interests or just as he can't understand the doll. He amplifies the shadow of modern material civilization with only several lines' poems and photograph. DiCa-poetry and the poet Kim Wang-No are attractive in this respect. The poet's sensitivity takes the cake in capturing the moment, though it is ridiculous to let the man looking at each other's picture perceive the severity of the situation.

Role-Model

The edge of years, going with lamp
happening to be met with someone without affectation
I desire to experience such a brilliant love.

When I see the poem, 'Role-Model', I can recognize his seeking in his poem. Apparently, he is the poet of a lack of love and a bohemian wandering about looking for love, but actually love for him is an Utopia of all and the beginning and the end. Here, he is sustaining the real thesis, that is, man's work is to love and what love does is to make a man. The love means physical love or combination of spirit. Now that an affectation can be a false and camouflage and bluff, he is going to say what love really means through 'Model'. It isn't a shallowness of sexual love entangled in male and female but a love so pure relied on each other. At least, the criterion of love should be as such. He reveals the paradigm of love in the age of losing the law, method, ethics of love.

DiCa-poetry publishing in th Internet News, 'Who I am' every week is surprising that it's animated pithy sarcasms and dash off in a brush in the aspect of feature.

It is possible that those Di-Ca poetry is not written by a moment but rooted in the reality. At any rate, the poet Kim Wang-No in the anthology, 'The execution of the city' revealed at the misery of the city and a beast struggling for the thirst of love and the section of the city. In a word, it broke the waterway of culture getting out of stagnation. A volume of DiCa-Anthology proves to be our present address of poetry and literature evolving endlessly.

I was pleased with reading the poems all the way as I was invited to the small festival drawing the sea of an impression to amplify the meaning of the poem and an image by harmonizing an image and a short poems.

There is a poetry called 'haiku' in Japan but there is a poem, 'flower' shorter than haiku. It is evolved flower beyond the haiku. "O dear! It's hot. Existence named You."

Flower

O dear! It's too hot. Existence named You

서정시학 시인선 목록

001 드므에 담긴 삽   강은교, 최동호
002 문열어라 하늘아   오세영
003 허무집   강은교
004 니르바나의 바다   박희진 ■
005 뱀 잡는 여자   한혜영 ■
006 새로운 취미   김종미
007 그림자들   김참 ■
008 공장은 안녕하다   표성배
009 어두워질 때까지   한미성
010 눈사람이 눈사람이 되는 동안   이태선
011 차가운 식사   박홍점
012 생일 꽃바구니   휘민
013 노을이 흐르는 강   조은길
014 소금창고에서 날아가는 노고지리   이건청 ■
015 근황   조항록
016 오늘부터의 숲   노춘기 ♣
017 끝이 없는 길   주종환
018 비밀요원   이성렬
019 웃는 나무   신미균
020 그녀들 비탈에 서다   이기와
021 청어의 저녁   김윤식
022 주먹이 운다   박순원
023 홀소리 여행   김길나
024 오래된 책   허현숙
025 별의 방목   한기팔 ■
026 사람과 함께 이 길을 걸었네   이기철 ●
027 모란으로 가는 길   성선경 ♣

029	동백, 몸이 열릴 때	장창영
030	불꽃 비단벌레	최동호 ♣ ♣
031	우리시대 51인의 젊은 시인들	김경주 외 50인
032	문턱	김혜영
033	명자꽃	홍성란
034	아주 잠깐	신덕룡
035	거북이와 산다	오문강
036	올레 끝	나기철
037	흐르는 말	임승빈
038	위대한 표본책	이승주
039	시인들 나라	나태주
040	노랑꼬리 연	황학주 ◉
041	메아리 학교	김민수
042	천상의 바람, 지상의 길	이승하 ◉
043	구름 사육사	이원도
044	노천 탁자의 기억	신원철
045	칸나의 저녁	손순미
046	악어야 저녁 먹으러 가자	배성희
047	물소리 천사	김성춘 ♣ ♣ ♣
048	물의 낯에 지문을 새기다	박완호 ♣
049	그리움 위하여	정삼조
050	샤또마고를 마시는 저녁	황명강
051	물어뜯을 수도 없는 숨소리	황봉구
052	듣고 싶었던 말	안경라
053	진경산수	성선경
054	등불소리	이채강 ♣
055	우리시대 젊은 시인들과 김달진 문학상	이근화 외
056	햇살 마름질	김선호 ♣
057	모래알로 울다	서상만 ♣

058	고전적인 저녁	이지담
059	더없이 평화로운 한때	신승철
060	봉평장날	이영춘 ♣
061	하늘사다리	안현심
062	유씨 목공소	권성훈
063	굴참나무 숲에서	이건청 ■
064	마침표의 침묵	김완성
065	그 소식	홍윤숙 ♣
066	허공에 줄을 긋다	양균원
067	수지도를 읽다	김용권 ♣
068	케냐의 장미	한영수
069	하늘 불탱	최명길 ♣
070	파란 돛	장석남 외
071	숟가락 사원	김영식
072	행성의 아이들	김추인 ♣
073	낙동강 시집	이달희
074	오후의 지퍼들	배옥주
075	바다빛에 물들기	천향미
076	사랑하는 나그네 당신	한승원
077	나무수도원에서	한광구
078	순비기꽃	한기팔
079	벚나무 아래, 키스자국	조창환 ●
080	사랑의 샘	박송희
081	술병들의 묘지	고명자
082	악, 꽁치 비린내	심성술
083	별박이자나방	문효치 ■♣
084	부메랑	박태현
085	서울엔 별이 땅에서 뜬다	이대의
086	소리의 그물	박종해 ♣

087 바다로 간 진흙소   박호영 ■
088 레이스 짜는 여자   서대선
089 누군가 잡았지 옷깃,   김정인
090 선인장 화분 속의 사랑   정주연 ♣
091 꽃들의 화장 시간   이기철 ■
092 노래하는 사막   홍은택 ■
093 불의 설법   이승하 ♣
094 덤불 설계도   정정례
095 영통의 기쁨   박희진
096 슬픔이 움직인다   강호정 ♣
097 자줏빛 얼굴 한 쪽   황명자 ■
098 노자의 무덤을 가다   이영춘 ♣ ♣
099 나는 말하지 않으리   조동숙

♣ 문학상   ■ 세종도서 문학나눔   ● 문화체육관광부 우수교양도서